100 MILLIONS
A RENDRE AUX CONTRIBUABLES
OU
10 MILLIONS
A PRENDRE AUX RENTIERS.

OPINION DU GÉNERAL FOY : 1824.

> Retirez le fonds d'amortissement en to-
> talité, et faites-en ce qu'il vous plaira.
> (*Lord Lansdown :* mars 1830.)
>
> Non, l'État ne doit aux créanciers que
> le service exact des arrérages.
> (*Rapport du duc de Levis :* 1825.)

A PARIS,
A. PIHAN DELAFOREST,
IMPRIMEUR DE LA COUR DE CASSATION,
RUE DES NOYERS, N° 37.
1832.

Extrait de l'Écrit intitulé : *Du Remboursement et de l'Amortissement*, février 1830.

On n'a pas le droit de rembourser la rente.

Surtout on n'a pas le droit de la réduire en simulant des offres réelles.

Un droit naît avec l'acte, sort de l'acte même ; ni le débiteur, ni le créancier n'en avaient l'idée.

Un droit ne surgit pas à l'égard de ce qui est consommé : ce serait un effet rétroactif.

Un droit n'apparaît pas à la convenance d'une partie : il y aurait iniquité pour l'autre.

Un droit n'est acquis que par la coutume ou la convention : jamais elles n'ont existé.

Un droit ne s'invente pas par analogie : d'ailleurs elle ne se rencontre pas.

Un droit ne se fonde pas sur un artifice : l'amortissement a forcé le cours de la rente.

Un droit ne s'exerce pas comme par accident : la baisse peut succéder à la hausse.

Un droit impose un devoir collatéral : après avoir réduit, il faudrait consacrer le fond d'amortissement.

Un droit suppose un devoir corrélatif : en réduisant l'intérêt au cours de 110, on serait tenu de l'augmenter au cours de 90.

Premier point.

Mentir est bon. Mais il faut que le coup porte ; mais il ne faut pas que le contre-coup frappe

A ces titres, mentir est un art, et le plus difficile qu'il y ait.

Les ministres successifs d'échéances et successeurs de systèmes, de 1824, 1831, 1832, ont mis en avant des argumens calqués les uns sur les autres.

Devoir à racheter; intérêt à amortir ; profit à réduire : ainsi raisonne ou résonne l'écho à triple voix.

Et à l'appui, viennent l'énormité de la dette, l'écrasement de l'avenir, l'appréhension de la faillite.

Le dernier rapport brode encore sur le tout.

« La dette est de 258 millions : le revenu est de 955. La dette dépasse le quart du revenu. »

Or il advient que le fait est admis sur la périlleuse parole ;

Que le fait monte à la tête et trouble les sens : si bien que l'orateur le plus distingué, veut qu'on impose la rente au dixième du revenu, et qu'on soumette les transferts au droit de mutation :

L'effroi l'a saisi : calmons son effroi.

La dette, après l'emprunt de 1832; sera de 170 millions; dont il y a à déduire 30 millions de rentes immobilisées, éliminées du marché.

Le revenu est de 955 millions. La dette reste entre le cinquième et le sixième, ou à part desdites rentes, fort peu au-dessus du septième.

Ainsi, plus de mesures attentatoires à la foi publique, violatrices du contrat synallagmatique.

Second point.

Qui trop embrasse, mal étreint : exiger plus qu'il ne se peut, manque à obtenir ce qui se doit.

1824, 1831, 1832, sont obstinés, opiniâtres, inexorables.

Sans un amortissement de 84 millions, tout est perdu, s'écrient-elles, à l'unisson.

Ces mots ont l'effet de la foudre.

Tout est perdu, disent les meilleurs esprits, sans une subvention de 84 millions nets, et de 100 millions bruts, à raison des faux frais.

Et plutôt qué de forcer l'entrée du sanctuaire, de déchirer les voiles sacrés, d'aller saisir sur l'autel, le grand secret des initiés;

Plutôt que de réduire ou retirer le fonds d'amortissement qui n'est point dû; chose étrange, on préfère violer la foi, biffer le contrat, tuer le crédit.

Aussi qu'avez-vous dit ?

En dette aliénable et viable, il n'y a que 140 millions d'intérêt. Il n'y a, en soufflant sur le titre postiche des 5 pour 100, que 2 milliards 800 millions de capital.

Et voilà qu'il vous dûit de supposer l'intérêt à 258 millions, le capital à 4 milliards 600 millions.

Et voilà, que vous faites perdre la tramontane, que vous poussez au désespoir, que vous amenez les avant-coureurs de la faillite.

Encore un pas sur cette voie, c'en est fait de la dette elle-même.

En de tels temps, comme il n'y a de droit nulle part, le droit se fait à plaisir.

En de tels temps, comme la majorité à tout pouvoir, la minorité est à sa merci.

Il y aura mieux que réduction de l'intérêt : il y aura abolition de l'intérêt et du capital.

C'est là où l'on va ; soit en fait, en prolongeant le fonds d'amortissement, déja onéreux, bientôt odieux, au point de dégoûter du service des arrérages.

Soit en droit, en érigeant le principe de la réduction forcée ou du remboursement simulé : choses identiques.

Car rien n'est élastique comme un principe : tellement que sans peine, sans effort, il part de la réduction du cinquième, et parvient à la réduction des cinq cinquièmes.

Voyons quel serait le profit net du système de réduction.

Sur la dette de 170 millions, il faut déduire près de 40 millions, pour les trois, les quatre, etc., etc. ; et de plus 30 millions irremboursables, même à l'idée du ministre de 1824.

Il reste 100 millions, dont encore 80 millions donnent la plus chétive vie, à près de 200 mille familles, ou d'un million d'êtres.

Qu'importe ! vous allez réduire, la paix venant, la paix durant.

Or, ceux qui en leur ame et conscience se font fort que ce soit d'un pour cent, sont-ils seulement au nombre de plus d'un dans le cabinet, de plus de dix dans la chambre, de plus de mille dans la nation ?

C'est caver au plus fort, que de supposer, le ciel aidant, la réduction à demi pour cent, à dix millions d'intérêt.

Eh ! mais, justement les dix millions d'intérêt, à raturer sur le grand livre, équivalent aux dix millions de profit, à soustraire de la richesse publique, pour le service annuel de l'amortissement.

Ce service enlève aux peuples, coûte en impôts, à cause des faux frais, 100 millions, qui jetteraient par an, 10 millions de valeurs nouvelles.

Une seule année de ce service, ravit et détruit, pour chaque année suivante, la même somme, qui est obtenue par la réduction.

Supposez que la réduction s'opère en 1832 même, et que l'amortissement cesse à l'instant, les contribuables n'y auront rien gagné et les rentiers y auront beaucoup perdu.

Où va le bénéfice! dans le gouffre de la bourse : où déja il s'est enfoui, tant de semences de production, tant de subsistances de population.

Est-ce vrai , est-ce faux ?

Au moins, prononcez le oui ou le non ; et même démontrez-le.

Ce n'est plus un homme obscur, un pamphlétaire du coin, un économiste de l'autre monde, qui parle.

Vous avez à répondre au héros de l'opposition, au favori de l'opinion libérale :

Lequel a mieux que personne et presque seul, mis en lumière l'évidence ; et quant au point de fait, et surtout quant au point de droit.

Vous écouterez sans doute : vous entendrez peut-être.

En tout cas, la parole reste, restera : jadis vraie, maintenant vraie, à jamais vraie.

Opinion du général Foy. (27 avril 1824.)

Consultez les lois anciennes , les édits , les titres émis en vertu de ces mêmes édits, a dit M. le président du conseil, et vous verrez que l'Etat a toujours le droit de rembourser, lorsqu'il juge que le remboursement pourrait être utile aux peuples. M. le ministre des finances prétend aussi que ce droit ancien a été consacré de nouveau par les lois nouvelles , notamment par l'art. 1911 de notre code civil. Il affirme ensuite que ce droit résulte du titre même de la rente , parce que ce titre porte 5 pour cent ; il passe sous silence ceux de *dette perpétuelle*, de *tiers consolidé ;* et dans cette discussion, il confond deux choses qui ne devraient jamais être confondues : la loi politique et la loi civile ; distinction établie par Montesquieu, et dont la vérité ne peut être révoquée en doute.

L'Etat ne peut se servir, vis-à-vis de ses créanciers, d'une loi qu'ils ne peuvent jamais invoquer contre lui. Un contrat suppose une entière réciprocité, une égalité parfaite entre les parties contractantes.

Je prête un capital déterminé à un intérêt réglé : l'on veut me le rembourser, l'on me fait connaître alors l'intention où l'on est d'effectuer ce remboursement, à telle ou telle époque , et l'on m'accorde ordinairement le temps qui m'est nécessaire pour chercher un nouvel emploi de mes capitaux.

Mon débiteur fait-il de mauvaises affaires , néglige-t-il de servir les intérêts aux échéances stipulées ? je l'attaque devant les tribunaux, et le contrains à me rembourser. S'il ne se détermine pas, je le fais exproprier. J'ai, pour agir contre lui, les significations , les poursuites judiciaires, les huissiers enfin.

Ces moyens si puissans contre un particulier, ne peuvent être employés, vous en conviendrez , contre un gouvernement. Il fait de folles dépenses, il outrepasse les sommes accordées par les budgets : il entreprend des guerres contraires aux intérêts de la nation ; il emprunte à des conditions onéreuses ; il inspire de justes inquiétudes. Si , dans de semblables circonstances, je lui demandais à être remboursé, il me répondrait avec toute raison :

Quel est le capital que vous m'avez prêté ? Dans quel contrat passé entre vous et moi a-t-il été stipulé ? J'ignore ce qu'il vous en a coûté pour devenir possesseur de l'inscription que vous me présentez ; je ne vous en dois que les intérêts ; je vous les paie , vous ne pouvez exiger rien de plus.

La preuve en est qu'à une époque peu éloignée, j'ai acquitté des créances très légitimes avec des inscriptions qui perdaient , le jour où elles ont été remises aux créanciers de l'Etat , plus de 5o pour cent , et qui portaient 5 pour cent au moment où ce prétendu capital dont vous parlez aujourd'hui , en aurait produit 10 au moins.

La nécessité m'a conduit aussi à vous rembourser, ou plutôt à vous faire banqueroute des deux tiers de vos rentes ; mais je vous ai dit, et cela a été déclaré par une loi, que ce tiers était consolidé : ce qui ne veut pas dire, sans doute, que les intérêts pourraient en être réduits d'un cinquième.

J'ai contracté des engagemens vis-à-vis de vous en stipulant des intérêts, sans jamais que dans ces actes, il ait été fait mention du capital ; pourquoi ?

C'est que je ne voulais pas être mis dans la position où il pourrait être réclamé, avec une sorte de légalité.

. . . .

Oui, le remboursement est injuste.

Il l'est, pour tous les rentiers qui ont éprouvé la banqueroute des deux tiers ;

Il l'est, pour ceux dont les rentes ont été reçues à la condition d'être immobilisées ;

Il l'est, pour cette classe nombreuse qui plaçait par petites sommes dans des associations autorisées par des ordonnances royales ;

Il l'est, pour cette foule d'individus qui économisaient sur de faibles salaires, pour assurer leur existence physique, à une époque où leurs forces affaiblies s'opposeraient à ce qu'ils puissent continuer à gagner leur pain quotidien ;

Il est injuste pour ceux que vous avez appelés à placer sur les petits grands-livres, en rapprochant par la loi du 4 juin 1823, la possibilité d'obtenir des inscriptions, dans le lieu de leur domicile ;

Il l'est enfin pour ces 10,000 individus pour qui vous avez facilité le placement de sommes de 50 et même de 10 francs.

Tous ces preneurs de rentes, dont je viens de parler, ont rendu d'immenses services au crédit public, puisque par leurs achats successifs, ils ont diminué la masse de la rente flottante.

C'est sans doute par reconnaissance que vous réduisez d'un cinquième, leur modique revenu ; et que celui qui était parvenu, par le résultat de son travail et de ses économies, à se créer 100 francs de rente, n'en touchera plus que 80.

Le ministre auquel on est redevable du système du crédit public, et que les ministres actuels sont parvenus à éloigner de cette chambre, à une époque où son expérience et ses talens y eussent été si utiles, savait que le meilleur moyen de *royaliser* les rentes, était d'en multiplier les possesseurs, parce que chacun de ces possesseurs était un ennemi de toutes tentatives qui pourraient être faites pour renverser le gouvernement actuel.

Ce ministre, en appelant toutes les fortunes, depuis les plus considérables jusqu'aux plus médiocres, à prendre une part quelconque dans les fonds publics, avait en vue non-seulement des conceptions financières, mais de hautes pensées politiques. Son système constamment suivi, a été étendu par le ministre des finances actuel jusqu'au point de faire délivrer par le trésor des inscriptions de 50 et même de 10 francs de rente ; ce système a eu pour résultat de vaincre la répugnance qui existait dans presque tous les départemens, à devenir possesseurs de rentes sur l'État.

Le souvenir des réductions et des banqueroutes y était encore présent ; il commençait à s'y affaiblir, et vous lui rendez une nouvelle force. Vous prouvez une fois de plus, combien cette répugnance à placer sur les effets publics était fondée, et combien les leçons de l'expérience devraient être suivies.

Le projet qui vous est soumis attaque non-seulement la confiance que l'on commençait à prendre en province dans les effets publics ; mais il attaque également celle que l'on y avait depuis long-temps dans cette capitale ; car

c'est sur elle surtout que pésera de tout son poids la mesure financière qui vous est proposée ; c'est à elle qu'elle
enlève près de 20 millions annuellement ; c'est à sa population la plus nombreuse, la plus intéressante ; c'est aux
plus humbles ménages, c'est à de vieux artisans, à d'anciens domestiques, que vous faites supporter cette réduction, qu'ils appelleront, ne vous en déplaise, une véri-
table banqueroute.

. . . .

L'exemple des pays qui sont entrés avant nous dans
la voie du crédit public, vient encore, selon le ministère
des finances, ajouter une nouvelle force au droit qu'il
prétend qu'à toujours le gouvernement de réduire sa
dette, en offrant le remboursement du capital.

Mais l'exemple de l'Angleterre prouve contre lui et ne
peut lui servir d'appui. L'Angleterre a-t-elle fait banqueroute des deux tiers ? a-t-elle payé des créanciers avec des
valeurs dépréciées ? n'a-t-elle pas établi en principe que
tout effet public, qui ne contient pas la clause expresse
qu'il pourra être remboursé, est essentiellement irrem-
boursable ?

Parmi vos effets, dites-moi quel est celui où il est fait
mention du capital ? donc, ce capital n'étant pas déterminé, il n'est remboursable que par la voie de l'amortissement. Sous ce rapport, comme sous tant d'autres, vous
voyez que le droit commun ne peut s'appliquer à la dette
publique.

L'Angleterre, que vous citez complaisamment, lorsque
vous croyez que son exemple peut servir à justifier des
mesures injustes ou des actes arbitraires, a-t-elle dans sa
Charte un article ainsi conçu.

« La dette publique est garantie ; tout espèce d'engagement pris avec ses créanciers est inviolable. »

Quel était l'engagement pris avec les créanciers à l'époque de la restauration? celui de leur payer cinq pour cent des sommes qui leur étaient dues.

Cet article de la loi fondamentale de l'Etat, avait pour but de les préserver de ces mesures financières dont le souvenir n'était pas perdu, dont tout l'art consistait à manquer en tout ou en partie, à ses engagemens.

L'on dira sans doute que cet article est réglémentaire de sa nature, et qu'il peut être changé toutes les fois que les ministres le jugeront à propos. Aussi je le rappelle, plus que je ne l'invoque, car je sais, par une bien triste expérience, qu'il y a long-temps que la Charte n'est plus rien aux yeux du ministère actuel.

Cependant l'article 70 a déterminé beaucoup de gens de bonne foi, de très bons royalistes, très dévoués à la légitimité, à placer sur l'Etat les dots de leurs femmes, des biens appartenans à des mineurs, des sommes consacrées à perpétuer dans leur famille les titres dus à la bienveillance de S. M.; ils ont eu une confiance entière dans la parole du roi : que diront-ils lorsqu'ils verront la dot de leurs femmes, les biens de leurs enfans diminués d'un cinquième, et l'hérédité de leurs titres s'évanouir? car l'exception faite en faveur de la vanité serait trop contraire à l'égalité des droits, pour imaginer qu'elle puisse être de longue durée.

Ces bons royalistes croiront-ils à la force des argumens accumulés par M. le président du conseil, pour essayer de constater le droit qu'a l'Etat d'opérer cette réduction?

Non, Messieurs, ils ne le croiront pas ; ils se joindront à moi pour vous dire que la loi civile est sans puissance contre la loi politique et contre la loi fondamentale de l'Etat; ils répèteront avec M. de la Bourdonnaye les paroles prononcées à cette tribune le 14 février 1817, et en vertu desquelles un ministre du roi a déclaré, au nom de sa majesté, que la rente n'était pas remboursable.

Ils ajouteront que cette opinion paraissait être partagée par M. de Villèle lui-même, puisque sommé le 22 juillet 1822, de s'expliquer sur la question de savoir s'il considérait la rente comme remboursable, il a gardé le silence le plus absolu : silence qui devait être interprété, et qui l'a été en effet, comme une adhésion à la déclaration de ses prédécesseurs.

. . . .

Vous prétendez, je ne sais pourquoi, que la ruine de plus de cinquante mille chefs de famille de la capitale touche peu les provinces. (Car c'est à ce nombre de cinquante mille que l'on dit s'élever les possesseurs d'inscriptions sur le grand-livre, domiciliés à Paris.) Calculez, d'après cette donnée, combien de mécontens vous allez y faire. Déja ce mécontentement s'exhale sur les marchés, sur les places publiques, dans les salons, partout. Partout l'on accuse le gouvernement de faire banqueroute : cette accusation n'est pas tout-à-fait fondée, je le sais, mais elle exprime et rend nettement, quoique un peu durement, la pensée de celui qui éprouve une réduction.

Mais lorsque l'on frappe sur Paris, l'on croit faire la cour aux départemens ; on leur dit :

L'agriculture trouvera à bas prix les capitaux dont elle a besoin pour se relever ; l'industrie, ceux qui lui sont nécessaires pour prospérer ; la propriété foncière acquerra une valeur plus grande ; les propriétaires seront plus en état d'entreprendre les améliorations dont leurs propriétés sont susceptibles, et qui, jusqu'à présent, sont restées ajournées faute de pouvoir se procurer des fonds à un taux raisonnable.

Les rentiers souffriront, il est vrai, mais leur ruine augmentera vos richesses : vous verrez l'intérêt de l'argent que vous payez si cher, parce que tout l'argent des dé-partemens arrivera à Paris ; vous verrez, dis-je, cet intérêt diminuer, quand la rente ne produira plus que 4 pour cent.

Tous ces avantages sont indiqués pour assurer à la mesure qui vous est proposée, l'appui des départemens, et pour y *rendre populaire*, une mesure qui est *fort impopulaire* à Paris.

Oui, Messieurs, tous ces avantages, j'en conviens, eussent été le résultat de la cessation de l'agiotage ; cette source d'immoralité tarie, tous les biens qui pouvaient en découler pour la société, étaient obtenus ; l'agiotage mourait lorsque la rente se soutenait au pair : si M. le ministre des finances n'eût pas présenté son projet désastreux, les spéculations cessaient ; les capitaux étrangers se fixaient ici, puisqu'ils y trouvaient un intérêt supérieur à celui qu'ils pouvaient se procurer ailleurs ; leur abondance diminuait tout naturellement l'intérêt de l'argent, augmentait la valeur des terres, rendait les cultivateurs à la culture, et les manufacturiers à l'industrie.

Tous ces biens, tous ces avantages, Messieurs, ne pouvaient résulter que de la cessation des spéculations de bourse ; mais ces spéculations, loin de les éteindre, vous les ranimez ; elles allaient finir faute d'alimens ; vous leur en fournissez, et vous leur ouvrez un champ beaucoup plus vaste que celui qu'elles ont eu à parcourir jusqu'à présent, puisqu'il s'étend de 75 à 100.

Non-seulement vous fixez à Paris les capitaux des départemens, mais vous en augmentez la masse par l'appât de nouveaux profits. Et quels profits sont ceux qui peuvent se faire en une seule matinée dans la rue Vivienne ? Un siècle n'aurait pu autrefois en produire de semblables à la maison de commerce la plus opulente et la plus habile.

. . . .

M. de Villèle ne craint pas d'assumer sur lui seul toute la responsabilité que peut entraîner une semblable mesure. Mais qu'importe cette responsabilité à la masse immense des rentiers : en seront-ils moins dépouillés si le président du conseil est disgracié? en seront-ils plus riches si le ministre des finances obtient vingt mille francs de rente de plus, avec le titre de ministre d'état? Et lors même qu'il serait traité avec moins de bienveillance que plusieurs de ses anciens collègues, les maux qu'il aurait fait aux rentiers seraient-ils réparés, et pèseront-ils moins sur cette classe si nombreuse de la société, pour laquelle le nom de M. de Villèle deviendra désormais inséparable de celui d'un abbé qui s'est rendu fameux au même titre.

DE L'IMPRIMERIE D'A. PIHAN DELAFOREST,

rue des Noyers, n° 37.

9 782019 279660